EN EL UMBRAL DE LOS SUEÑOS

JUAN EUGENIO CAÑAVERA

[COLECCIÓN ABEL AVILA]

En el umbral de los sueños, 2000
Casa Editorial Antillas Ltda., 2000
© Juan Eugenio Cañavera, 2000.
ISBN 978-958-5483-48-4
Primera edición

© SantaBárbara Editores, 2020
© Herederos Juan Eugenio Cañavera, 2020
Colección Abel Ávila

Obra financiada por
© Fundación Social para la juventud en Colombia
NIT 802.017.583-6
Carrera 15 No.53B/09
Villas de Soledad
Soledad, Atlántico

Alfonso Avila, editor literario
Alejandra Herrera, coordinador editorial
Camilo Avila Bustos, maquetación

SantaBárbara Editores E.U.
Carrera 65 No.84/25, Oficina
Carrera 18 No.45C/58, Taller
Móviles (035) (57+) 3107226137 -3002624557
E-mail: santabarbaraediciones@gmail.com
www.santabarbaraeditores.com
Barranquilla, Atlántico, Colombia

Impreso en Colombia.

A mi hijo
Juan Eugenio Cañavera Saavedra
este poemario forjado en el yunque
del corazón a golpes de sinceridad.

RESEÑA HISTÓRICA

Año 2002.

Apertura del libro de Reseña Histórica del Centro Educativo de Soledad.

En el año 2001, nace el sueño de construir una escuela en la urbanización Villas de Soledad, en mayo de ese mismo año, se empezó su edificación. Un grupo de padres de familia solicitaron que recibiéramos a treinta (30) niños, ya que la escuela del barrio la habían cerrado.

Les contamos que estábamos construyendo y que las condiciones no eran las mejores, teniendo en cuenta que la construcción se encontraba en obra negra y, por tal motivo, se recibirían a los niños en calidad de refuerzos.

En ese momento se empieza a dar vida al "Centro Educativo de Soledad". Para octubre del 2002, nos reunimos los socios fundadores de la Fundación Social para la Juventud en Colombia: CARMEN DÍAZ ÁLVAREZ, LÁCIDES DE CASTRO BLANCO, SINDY MEJÍA DÍAZ, SAUDY MEJÍA DÍAZ, SANDY

MEJÍA DÍAZ Y SHADIA DE CASTRO DÍAZ, desde entonces unidos por el amor a esta hermosa labor, decidimos realizar un estudio de factibilidad y determinar el número de niños que se encontraba por fuera de las aulas educativa.

Teniendo el espacio y la disposición decidimos legalizar dicho proyecto en Secretaría de Educación Departamental, cuyo primer paso fue la inscripción del colegio y luego el taller de preparación y presentamos la propuesta para los grados de pre-escolar y básica hasta quinto grado.

Año 2004
Planeamos la ampliación de la básica secundaria, nos reunimos con la comunidad educativa y con la ayuda de nuestros docentes elaboramos los avances del Proyecto Educativo Institucional (P.E.I.), el cual fue presentado para revisión.

En este año, se presentan los avances del P.E.I. y se nos otorgó la legalización y aprobación de nuestra institución hasta el grado 9°. Los procesos curriculares se firmó un convenio con ASPEDAS, con el fin de medir o aplicar un análisis DOFA y convertir nuestras debilidades en fortalezas.

Año 2005

La Secretaría de Educación Municipal nos concede licencia de funcionamiento mediante resolución. Se organiza la sala de informática y biblioteca, también se organiza el área administrativa y se toma en arriendo la vivienda para adecuar un comedor escolar. De esta manera, nos convertimos en la INSTITUCIÓN EDUCATIVA DE SOLEDAD "JUAN EUGENIO CAÑAVERA" INESOL, la cual tiene como objetivo rendir homenaje a Juan Eugenio Cañavera Vásquez (Q.E.P.D).

El sueño empieza...

PRÓLOGO[1]

Juan Eugenio Cañavera, el poeta de siempre, entrega su libro, **En el umbral de los sueños.**

Aquí está Cañavera con un legado de poemas que obligan al retorno y al gozo de la palabra iluminada. Porque, como bien definía Montalvo, la poesía es olorosa y mana como fuente viva; en sus ondas se embellecen los hijos de las Musas. Poesía es la perfección del alma, elevación del pensamiento, profundidad de sensaciones, delicadeza de palabras. Luz, fuego, música interior. Y esa es la poesía que saboreamos *en "En el umbral de los sueños".*

En este libro Juan Eugenio compila el fruto de su inspiración desde hace más de medio siglo. Y sus poemas de antaño obligan al grato recuerdo.

Eran los años juveniles cuando compartíamos en la Lunchería Americana, de la esquina de la calle San Blas con el callejón del Progreso, y después, en la Librería Nacional, de la calle Jesús con Veinte de Julio.

----

1. Prólogo extraído del libro "Poemas a duras penas..." de Juan Eugenio Cañavera. (Casa Editorial Antillas Ltda.,2001).

Allí estaba Cañavera, con disposición y ánimo de complacer a sus compañeros de sueños e inquietudes: Javier Auqué Lara, Luis Felipe Palencia Carat, Luis Carlos Pérez Lara, César A. Del Valle, Armando Bustamante, Aureliano Gómez Olaciregui, Armando Cañavera, Rafael Prins y V., Portos Campos Pineda, Enrique Molinares, Marceliano Polo Restrepo, Isaac Pardo, Aniano Iglesias, José Ángel Bolaño, José María del Castillo, José de la C. Mendoza, César Roncallo Llinás, Joel Rivera.

Todos iban llegando después de cumplir deberes, ya como periodistas, profesores, estudiantes de bachillerato, o aprendices de políticos.

Desde mucho tiempo atrás los críticos literarios han reconocido la obra valiosa de Cañavera. Así, Gustavo Fabal, el consagrado historiador y escritor cubano, escribió en 1974: *"Los libros de Juan Eugenio Cañavera son de una belleza lírica extraordinaria. Expresan un lirismo pleno de entusiasmo, y transmiten una emoción poética exaltada y rica en fervorosas expresiones. Sus poemas evidencian alta ilustración y posesión de una vasta cultura. Confieso que pocas veces he visto tanta elegancia y señorío en el manejo del idioma"*.

En mi caso, leo varias veces, para sacarle
más provecho, muchos de sus versos. En su
poema **Esta Noche Propicia,** confiesa el poeta
que la presencia de la amada ilumina de
nuevo su nostalgia. Y cuando describe los re-
cuerdos de la niñez frente a su río moreno,
acepta que ellos persisten impetuosos como
si estuviesen mordisqueando el anzuelo oxi-
dado del olvido.

Y a su Curramba, la de Alfredo de la Espriella
y Estercita Forero, en toda la encuentra sa-
brochonga. Ya sea en los arroyos, que risue-
ños viajan presurosos o en las lluvias que ali-
mentan los ciruelos y los mangos. Y también
en las noches que patrocinan las fritangas en
los candentes fogones o en las brisas de di-
ciembre, con sus alisios que levantan faldas
para atraer las miradas de jóvenes y viejos.
Por todo eso, confiesa convencido, al estilo
de Miguel Moreno Alba, que quien no en-
cuentre bajo el azul del cielo, una ciudad que
colme la fiebre de su anhelo, que detenga sus
pasos y se quede en Curramba.

Al final al poeta lo domina la nostalgia. Mira
al anciano y cree que distrae la soledad con
su mirada perdida en la distancia. Entonces
pregunta quién vertirá una lágrima en su
tumba. Duda si en verdad fue una realidad

aquel amor, aunque en sus manos conserva el perfume de su cuerpo. Siente que la alegría de los tiempos de la infancia, ha cedido su puesto a la tristeza. Y apenas en su cielo alumbra ahora, en las noches sin nubes, una estrella lejana.

Bueno, hay que agradecer a Juan Eugenio Cañavera este regalo de los dioses. Mil gracias, amigo de siempre.

José Consuegra Higgins
Rector fundador de la Universidad Simón Bolívar

BIOGRAFÍA

Juan Eugenio Cañavera Vásquez nace en la ciudad de Barranquilla el 19 de agosto de 1921. fallece el 10 de agosto del 2002 también en Barranquilla. De niño cursó estudios elementales en el colegio Márceles y el bachillerato en el Colegio Barranquilla para varones. Es importante anotar la calidad de la educación en esa época, cuando la influencia europea permitía en los seis años de bachillerato, estudios profundos del conocimiento en todas las áreas del saber. Se promovía la enseñanza hasta de tres idiomas, lo mismo las raíces latinas y griegas.

Juan Eugenio desde temprana edad se inclinó por la literatura, su facilidad para comunicarse con carismática expresión, le permitió amenizar los actos culturales del colegio, salpicado con sus poemas las diversas actividades, comenzó a escribirlos a la edad de 14 años. Era tal la madurez de su prosa que, no obstante su juventud publicaban los poemas en diarios tradicionales barranquilleros: La Prensa y el Heraldo.

De la anterior referencia se supo que Ramón Vinyes el famoso "sabio catalán" en la novela

Cien Años de Soledad de Gabriel García Márquez, era impulsor cultural y apoyaba talentos en esta región del país. Como tal asistía a los actos literarios del Colegio Barranquilla, es así como conoce la poesía de Juan Eugenio en sus escasos 14 años, se impresiona con la metáfora del joven poeta y escribe una nota alusiva en su columna cultural de El Heraldo.

A los 19 años la fiebre de la radio que apenas comenzaba, lo seduce, al igual el teatro y la música. Deja la poesía e inicia su fructífera carrera en la radio. Se inicia en las emisoras de su ciudad natal: Unidas, Atlántico y la Voz de la Patria. Posteriormente lo llaman de las Emisoras Fuentes en Cartagena, se encarga de la Dirección Artística y la locución del noticiero "El Reporte Esso". Puede decirse que en ese momento nace también como periodista.

Más adelante lo contrata la Emisora Nueva Granada y viaja a Bogotá, allí desarrolla todo su talento y ocupa los mejores cargos para el manejo de la misma. Es oportuno mencionar que a mediados de 1945 la radio no contaba con tecnología avanzada, por tal razón era localista, es decir, los noticieros se hacían a nivel de ciudad. Pero a Juan Eugenio se le ocurrió junto con Fernando Gutiérrez Riaño, director de noticias de Nueva Granada, hacer un **noticiero nacional**. Para ello Juan Eugenio se valía de un radio en onda corta y larga, con el cual sintonizaba desde Bogotá las emisoras de las distintas ciudades de Colombia y tomaba de cada lugar la noticia más importante. Así nace el PRIMER NOTICIERO NACIONAL en Colombia, a mediados de los años 1946.

Una anécdota a raíz de lo anterior: Por la rapidez en tomar notas al cambiar las emisoras, Juan Eugenio optó por sintetizar el nombre de cada ciudad. Ej: CUC era Cúcuta, BARRANCU era Barranquilla para diferenciarla de BARRANCA Barrancabermeja y así sucesivamente. Luego armaba las noticias y las leían al aire. Fernando Gutiérrez Riaño era un interiorano jovial y alegre; molestaba a Juan Eugenio por ser barranquillero, lo llamaba BARRANCU. Llegó un momento en que toda la redacción del noticiero lo llamaba Barrancú. Un día Juan Eugenio decidió hacerle una broma a Fernando y escribió al revés la palabra BARRANCU quedando CURRAMBA. Fernando preguntó que cual región era CURRAMBA y Juan Eugenio le explicó la ocurrencia. El asunto resultó mayor, desde ese momento todo lo relacionado con Barranquilla fue CURRAMBA, y quedó el apelativo cariñoso, para siempre.

En la Emisora Nueva Granada, la mejor emisora del país en 1946, Juan Eu genio realiza programas culturales, periodísticos, artísticos, deportivos, taurinos de mucho renombre. Para esa época unos empresarios antioqueños compran tres emisoras: La Voz de Antioquia, La Voz de Medellín y la Nueva Grana de Bogotá. Nace así la primera CADENA RADIAL NACIONAL en Colombia RCN. Contratan a Juan Eugenio y lo llevan como gerente a la ciudad de Medellín. Le tocó ser pionero de la primera cadena radial nacida en Colombia. Cuando se funda el CÍRCULO DE PERIODISTAS DE COLOMBIA lo nombran por unanimidad su PRESIDENTE.

Para mediados de 1950 se inicia la TELEVISIÓN en Colombia, es preciso destacar que sólo entraba la señal a Bogotá en blanco y negro. Al no haber estudios ni expertos en el manejo escénico de este nuevo medio, la carencia fue suplida por los artistas de la radio que hacían las novelas habladas; muchos de sus libretos escritos y narrados por Juan Eugenio también se vincularon los artistas del teatro. Juan Eugenio fue un SHOW MAN de la televisión, realizó programas artísticos, culturales, noticiosos, telenovelas. Ganó fama en esos inicios televisivos.

Teresa Pizarro de Angulo, directora del concurso Nacional de la Belleza en Cartagena, lo solicitó en varias oportunidades como presentador del certamen, donde se lució no solo por la narración poética y exacta de las concursantes, sino por el conocimiento geográfico e histórico que tenía de cada región de donde procedían las niñas.

Trabajó con las cadenas radiales: Todelar, Caracol, Radio Visión, Sutatenzas, emisoras en Pereira, Ibagué, Manizales, etc. Fue corresponsal desde México para el periódico El Espectador; escribió en el Universal de Cartagena, El Heraldo, La Prensa de Barranquilla.

Era versado en la música clásica y realizó programas culturales en la Radio Nacional. Conocía el folclore musical de muchos lugares y la música popular la divulgaba con entusiasmo, pero su debilidad era el *feeling* del *Jazz* antiguo, el nacido del dolor esclavizante del negro americano.

Como *Show Man* presentó a innumerables artistas nacionales e internacionales de la farándula. En una de estas presentaciones en la ciudad de Cartagena conoció a la famosa bolerista estrella del momento María Luisa Landín, con quien casó en la ciudad de Medellín. Se convirtió en su presentador e inició un periplo artístico por diferentes países. Se radicó hasta su separación en la ciudad de México de donde es oriunda María Luisa Landín.

Tuvo un hijo Juan Eugenio Cañavera Saavedra, Ingeniero Civil, casado con Silvia Herrera Tapiche quienes le regalaron tres nietos: Juan Sebastía, Andrés Felipe y Mariana.

Compuso letras que fueron musicalizadas por el maestro Lucho Bermúdez y cantadas por Matilde Díaz como el bolero "No lo niegues". También para el maestro Pacho Galán compuso varias melodías como el bolero "La vida es así".

Fue creativo en la realización de cuñas comerciales utilizadas en campañas publicitarias. Ej: para la Empresa Textil FABRICATO de Medellín: "Fabricato La Tela de Los Hilos Perfectos". Otra, "La Marca está en el Orillo de la Calidad en Toda la Tela". Otro ejemplo, para promocionar la Radio Visión: "Radio Visión una Distinta Visión de la Radio", etc.

La colonia costeña en Bogotá para los años 1949, lo nombran su Segundo Cónsul Honorario de la Costa en Bogotá, ya que el primero era otro querido barranquillero don Pascual Del Vecchio. Esta dupleta trataba de remediar los múltiples problemas de aquella alegre colonia, incomprendida para ese entonces, en su cultura y diferentes manifestaciones, por una sociedad tan cerrada como era la Bogotá de comienzo de siglo.

Sería interminable detallar sus innumerables realizaciones dentro de los medios de comunicación. Cuando cree prudente en silencio se retira y regresa su ciudad para dar cabida, según su pensar, a tanto joven talento en espera de una oportunidad y para evitar hacer el ridículo por la decrepitud de los años.

El filón guardado por casi 50 años de espera, la poesía, la retoma a los 82 años de edad. Escribe en el año 2000 el libro de versos **EN EL UMBRAL DE LOS SUEÑOS**. Posteriormente en el 2001 su segundo libro: **POEMAS A DURAS PENAS**.

La faceta de su personalidad más hermosa la constituye su inconmensurable SENCILLEZ. Albergaba inmensos conocimientos, pero era MODESTO. Desapegado de lo material, vivía en una pobreza franciscana como la describía, pero con dignidad. Fue honesto y sincero, siempre afloraba a su boca la sonrisa amplia y la palabra hermosa para tratar y estimular a sus semejantes de cualquier edad, sexo, posición, credo, color o raza.

Barranquilla, mayo de 2004.

Esta reseña la hago cariñosamente a petición de sus ahijados Lácides y Carmencita, quienes realizarán en su Plantel Educativo, un homenaje a Juan Eugenio, que podrá ser de utilidad a los futuros estudiantes de comunicación.

Martha Aimeé Cañavera Manzur

MI ABUELO JUAN

A mi abuelo Juan lo he conocido en gran parte a través de historias familiares, su trayectoria y, por supuesto, su poesía. Falleció cuando yo tenía la corta edad de 13 años y todo lo que pude conocer de él fue en medio de la distancia; mientras mi abuelo vivía en Barranquilla y mis padres, hermanos y yo en Bogotá. Cuando pienso o hablo de mi abuelo a mis conocidos, siempre hago referencia del hombre legendario que fue **Juan Eugenio Cañavera Vásquez**. Un pionero de la radio en Colombia con una voz inconfundible, un ilustre hombre educado y formado en las letras, el carismático **"Señor de Barranquilla"** que logró conquistar los corazones de sus audioescuchas en la capital, el hombre detrás del famoso e ingenioso apodo de su ciudad natal, *Curramba*, aquel que fue parte del gremio de actores radiales en Colombia, aquel hombre que lo acogieron en otras partes del gran Caribe. Todo este perfil de hombre legendario que vive en mi mente gracias a las historias de mi padre sobre mi abuelo, de lo que me ha contado nuestra prima Marthica Cañavera y lo que he podido leer de mi abuelo en Internet escrito por sus amigos y seguidores.

Me hubiera gustado poder haber conocido más del hombre detrás de la leyenda. Estoy agradecido de haber podido ver, aunque hubiese sido poco, su sentido humano, oír su clara y espectacular voz, y de compartir con él a través de sus llamadas cada domingo. Siempre lograba causarle una que otra risa. De mi abuelo Juan, sin duda, he podido conocer más y más al leer sus obras. Y para mí, esto es lo importante de la poesía; que nos conecta con nuestro ser más humano, con nuestros sentimientos y profundos pensamientos. Y espero que ustedes, lectores, cuando se sumerjan en **"el umbral de los sueños"** de mi abuelo, puedan como yo revivir sus experiencias, sus fuentes de inspiración y el motivo de sus sueños.

Gracias a sus poemas he podido completar esa imagen en mi mente de quién era mi abuelo. Un hombre cuidadoso en sus palabras, amante del romanticismo alemán, que vio belleza y poesía por donde andaba y visitaba. Comparto con ustedes el último párrafo de mi poema favorito de él, titulado "El talismán": *"Y el imprescindible/ talismán de tu sonrisa/ que me hace sentir el poeta/ más feliz sobre el planeta/ ... y ¡el más afortunado!"*

Y como él, siempre me he sentido afortunado. Me he sentido afortunado de ser su nieto, porque ha dejado en mí como su legado la vena poética que me salva de no perder mi lado humano y de ver belleza por donde ando y visito. Y también ese amor por la radio, también inculcado por mi madre, y del poder de la voz. Creo que esos dos legados personales que me dejó mi abuelo son paralelos a los dos grandes legados que dejó su vida en Colombia y el Caribe: el desarrollo de la obra poética. La poesía principalmente es algo que ojalá pudiéramos fomentar más en nuestro país. Es aquello que nos une a nuestra esencia, que le pone imágenes y palabras a los misterios de la vida, que puede ser revolucionaria porque rompe con los esquemas lógicos y puede ver más allá de lo evidente.

Quisiera haber podido compartir más tiempo con mi abuelo, pero esa impuntualidad que tuvimos es otro de los misterios de la vida que sólo la poesía nos puede ayudar a entender y a sobreponer. Para terminar, quisiera compartir parte del legado que dejó mi abuelo Juan porque, dentro de mí, aún sigue vivo. Habla de otro tipo de impuntualidad diferente, pero sospecho que a mi abuelo le hubiera gustado haber leído.

Impuntualidad
"Te extraño y no te he tenido
Que extraño, no tiene sentido
Pero si aún no somos
Pero si aún no hemos sido

Extraño tus besos
Estar juntos dormidos
Cada caricia
Que aún no he sentido

Pero aún no te tengo
¿qué pasa conmigo?
Sé que me esperas
Tu amor, lo he conocido

Es como si el tiempo
Corriese en otro sentido
Aunque aún no somos
Aunque aún no hemos sido
Hoy yo te extraño
Y aún no te he tenido."

Juan Sebastián Cañavera Herrera
Investigador e Ingeniero Civil

CARTA DESDE LA AÑORANZA[2]

Barranquilla, febrero de 2000

Poeta
Juan Eugenio Cañavera
La ciudad

bierto en él que pintas con pinceles de añoranzas los retratos de los tiempos y los espacios siderales que envuelven el alma en el acontecer de la existencia. Noto que desarrollas una gigante musculatura creativa en la adversidad de tus aconteceres; le cantas, con tanto énfasis, a la vida y a la muerte que siento polos contrarios del mismo instrumento natural los haces aparecer como síndromes de la dialéctica en acción repentina para llenar el mismo espacio en el tiempo requerido de este transcurrir. Se comienza a vivir a partir de la muerte, y a morir, a partir de la vida. Vida y muerte como constantes exegéticas en tu poemario se diluyen en el "umbral de tus sueños" aunque gritando van

----

2. Texto originalmente incluido en el libro "En el umbral de los sueños", publicado por Casa Editorial Antillas Ltda. (2000, Barranquilla, Atlántico)

retomando hacia su propio silencio; y ello lo logras, porque eres un poeta que ha vivido y muerto, pero resucitado para advertirle a los aedos que quien poemisa realidad de ensueños o sueña realizando hechos trascendentales cojita su devenir amando las cosas que su sociedad y su hábitat regalan al hombre para que él, descubra sus propios ciclos y construya en ellos, collares de estrellas, amuletos de luceros, y jueguen ambos, con la palabra como el gran paradigma del universo todo.

Cuando hablas de los estertores devorando los últimos retazos de la vida del hombre, lo haces tan bien que ningún joven querrá llegar a ser viejo y ningún viejo deseará llegar a la longevidad de sus sueños. Por eso tu poesía es bella, objetiva a veces, y subjetiva en las ocasiones en que el poeta descubre que también soñando se realizan los grandes triunfos y las azarosas travesías.

Poeta Cañavera, aquí, inmerso en tus sueños como parasicólogo de los tonales tribales, siento que vibra mi sistema neuronal para poderme sentir como los personajes de Castañeda en sus míticos viajes a la profundidad del sentimiento que, junto a su chamán, descubre las fueras totémicas que explican ese, su mundo disquisitivo y mítico a la vez.

La verdad es que sólo leyendo a los grandes del parnaso universal se puede sentir lo que se siente leyendo tus versos. No hay en tu obra ripios ni palidez anémica, ni el feminismo acostumbrado de los muchos poetas actuales; aquí está el hombre íntegro que, como el duro mármol con el cual Praxísteles construyó sus estatus en el Templo de Tespias para tributarle honores a la erotología, exige respeto para los de su género; pues hombre-mujer como binomio de la existencia jamás deben invertir sus valores, de lo contrario, la génesis y el final desaparecerían en consecuencia de la generación de la totalizante sociedad. En tu poesía se defiende esa tesis. Por ello le cantas con terquedad hirsuta a todo el amor: de padre y madre; de esposa e hijo, de paréntesis, en fin, a todo aquello sublime que la naturaleza nos prodiga; porque sabes que el amor es epicentro de la vida y célula fundamental de todo lo que existe.

Con este ramillete de poemas, maestro, consagras la historia de tus años en lucha, en desafío, en añoranzas, en esos imborrables recuerdos de tu dulce y apasionada juventud en que jugabas con los ríos de estrellas con el mudo sol derritiéndose por dentro, con los titilantes luceros bañando las estancias, con el agua marina mojando tu conciencia y esperando que la vejez triturara tu arrogancia. Maestro, con las palabras hilvanando en las telas de la vida has construido tu universo que, reflejado en las inquietas y sonoras ilusiones, deja a la posteridad una envidiada herencia solo comprendida por los amantes del hermoso verso del poema hecho carne y de la línea escrita construyendo los vasos capilares que irrigan las huertas cultivadas con orlados sentimientos. Por ello, puedes viajar por los níveos senderos sin una sola arruga en tu conciencia, y erguido, como los guayacanes florecidos que atajan los thanáticos vientos de la envidia. Ya, con este libro, quedas en los hemiciclos de la historia como baluarte hacedor de sueños de mágicos colores vaciados en pentagrama en donde la lira vibra al compás de los ritmos del caribe caprichoso, sonoro y embrujado, mitológico y ritual.

Gracias, Juan Eugenio, por enseñarnos que en la minúscula partícula de la existencia sólo se vive un instante para cantarle al amor como paradigma de la síntesis universal.

Abel Ávila (+)
Escritor colombiano

PALABRAS PARA MI HIJO

a "Puchi"

Mientras el tiempo
transita segundo a segundo
por el ingenio mecánico
de todos los relojes
yo
—viejo coleccionista
de crepúsculos—
evoco el luminoso día
de tu arribo a mi mundo
portando en tus pequeñas manos
la prolongación
de mi apellido
Recuerdo que entonces
me supe duplicado
Menos perecedero
Más inmune al olvido
Comprendí
—de pronto y para siempre—
que ya podía
dejar de ser
y sin embargo
seguir siendo
Continuar hollando
la corteza de la tierra
con mis pasos
unidos a tus pasos

Y que no había sido en vano
sembrar la esperanza
para cultivar la felicidad
en la vendimia de los sueños
transmutados
en la realidad de tu presencia.

EL PASADO EN PRESENTE

Mirar por el retrovisor
es rescatar en el espacio
una distancia desandada
es recrear en un segundo
la secuencia de un instante
impreso para siempre
en la lente de una cámara
Es avivar el fuego del amor
con pavesas
quemantes como brasas
Escuchar
solamente por nosotros
la canción que una voz de mujer
nos recordara
incinerar –resueltamente–
aquella carta
que nos moja los ojos de nostalgia
compartir otra vez con la familia
la harina con afanes amasada
Comprender las razones del silencio
que motiva la ausencia de palabras
Es aclarar la sombra de la duda
al encender solícitos la lámpara
Embriagarnos de luz
al abrir la ventana
frente al mar
una noche romántica

Leer para que duerman nuestros nietos
historietas de sueños
y de fábulas
De príncipes azules y Hadas
que perfumaron de sugerencias gratas
los ya lejanos días
de la infancia.
No entonar jamás
nuestras canciones
donde cantan las ranas
Ni perder la razón por hacer hoy
lo que podemos dejar
para mañana.

EL ANTIGUO TESTAMENTO

El polvo de los siglos
no ha borrado el recuerdo
del primer fratricidio
El instante preciso
en que el hombre
por bíblico designio
de las bajas pasiones
sucumbió al maleficio
que los celos desatan
en el pecho
y lo aprisionan
en el tremedal
del desatino
Aún perdura en la mente
inmune a la acción oxidante
del olvido
la inesperada destrucción
del edificio
que construyó el amor
Y un viento enrarecido
desquició de su base
en un segundo
precipitando a tierra la estructura
en medio de infernal
estropicio
Destramada la urdimbre
que la razón cohesiona
la irreflexión ejerce

su total arbitrio
y la mano homicida
descarga su furor sobre el hermano
en inesperado sacrificio
que para escarnio
de los hombres todos
en el libro de los libros
yace escrito

EXTRAÑA PESADILLA

I
Hacia tiempo... ¡mucho tiempo!
que no me acordaba de ti
Como si nunca te hubiera conocido
Como si hubieras muerte
y anoche mientras dormía
-aunque no sé si fue en sueños-
me calenté al rescoldo de tu aliento
lacerando con carbones encendidos
las cicatrices de tus liviandades
que padecí en silencio...

II
¡No podía creerlo!
Me era imposible aceptar como verdad
una mentira alucinante
Pero...
¡Estabas junto a mí!
acostada en mi lecho
colmándome de mohines y melindres
como solías hacerlo
cuando la chispa del amor
te electrizaba el cuerpo
de niña consentida
que despertó mujer
y tus manos crispadas
enredaban su afán desenfrenado
en mis cabellos...

III
Y oí de nuevo el timbre de tu voz
musitando para mi desconcierto:
"cierra los ojos
y escucha con el corazón"
"Al principio solo oirás
unos simples latidos"
"Mas… si pones atención
podrás traducir de sus impulsos
las frases que pronuncian
nuestros pechos"
"Comprenderás entonces el lenguaje
carente de palabras
que nunca alcanzará a brotar
de nuestros labios
porque es un idioma que se habla
-independientemente de nosotros-
de corazón a corazón."

IV
Decidido a develar
el extraño suceso
encendí de pronto
las luces de mi alcoba
y… ¡no estabas tú!…
Aunque sí
el aroma de tus afeites
y el ardiente perfil
de tu recuerdo.

AGUAFUERTE DEL DESAMOR

La ausencia de la mujer amada
es apenas el pretexto para hacerse presente
el martirio del recuerdo
es un pájaro ciego
caído de su nido
por fuera de su entorno
desorientado y con las alas rotas
que se aferra a una rama
batida por el viento
¡El amor no correspondido
se nutre de su propio desconsuelo!
El río contaminado
que diluye los sueños
y convierte el raudal
de los anhelos
en caminos de piedra
Cementerio
de peces sofocados
que murieron
en la desolación
de un cauce seco
El ocaso de sombras
iluminado por débiles destellos
intermitentes estertores
de un sol negro
que abreva
sus últimos reflejos

en las gotas empozadas
a cielo abierto
El trigal al que viajeras nubes
el milagro del agua
sustrajeron
transformando de golpe la esperanza
en campo yermo
y la ilusión de la espiga
y de la harina
en un desierto.
El dolor del adiós
sin la campana al aire del regreso
El silbido de un proyectil artero
disparado con tino
desde lejos
que nos destroza el corazón
al acertar su impacto
en nuestro pecho.

DEFINICIONES

A mi hermano Álvaro

"Sólo el que ha muerto es nuestro.
Sólo es nuestro lo que perdimos."
Jorge Luis Borges

Mis padres
mis hermanos
mis amigos
agotado el aceite que avivaba
la llama de sus vidas
uno a uno
han decidido
cambiar de dimensión
Y escuchando las voces
del silencio definitivo
se adentraron en un ignoto
paraíso perdido
Comprendieron
por fin
que morir
es no sólo dejar de existir
sino así mismo
comenzar a nacer
Para el recuerdo
desandando serenos
todo el tiempo vivido
en el breve lapso
de un instante
de un último suspiro.

SALGAR 6:00 P.M.

De pequeño
viví junto al mar
en su jurisdicción
de arena sol y sal
se acunaron mis sueños iniciales
y mi inmodificable decisión
de navegar
Una diosa-sirena
me enseñó a sobreaguar
mientras un sol anémico
naufragaba
frente a la playa entrañable
de Salgar
La brújula engañosa de la vida
modificó mi rumbo
y mi chalupa
encalló en una rada rocosa
erizada de escollos
de altas olas rompientes
y estregada
Por el ir
y venir
de la resaca
Ahora
en la barra de un bar
ante mi copa de crepúsculo
en esta hora en que la tarde
de repente

se nos vuelve noche
entre las manos
emergen los recuerdos
en incruento abordaje
Algunos como ríos
de ternura y nostalgias
Estotros
lacerantes como el toque de difuntos
de nuestro propio campanario
cuando aún no estamos
inmunizados
para contrarrestar las marejadas
de un nuevo naufragio.

CÓMICA REFLEXIÓN CÓSMICA

A Joaquín Castillo Mercado

¡Y pensar que el sol
se está quemando!
Que su luz y calor
son los últimos estertores
de su autodestrucción.
Que cuando el helio
se convierta en hielo
y sus gases
en nubes sin vapor
no habrá ni auroras
ni ocasos
ni otoños desnudando
las ramas de los árboles
ni primaveras coloreando
corolas
con pinceles de luz.
Y en el cuarto de San Alejo
el tiempo detenido
para siempre
en las esferas siamesas
de la Clepsidra.
Y al final
el astro-rey
explotará como una simple
como una frágil pompa de jabón.

Y la tierra
-sin luna y sin miel-
se sumirá en las sombras
dando palos de ciego
tumbos y bandazos...
decodificando computadoras
trémula e indecisa
como cualquier invidente
sin bastón.

TRANSMUTACIÓN

Te me fuiste metiendo por las venas
lentamente
en grata transfusión
y te adueñaste tanto de mi vida
que hoy tú
soy yo
Definitivamente
con fuerza de tatuaje
habitas mi interior
y cuando canto
a mis labios asciende
el azul violonchelo
de tu voz
-Y no sabía por qué
cuando yo canto
se convierte en prodigio
mi canción-
Peonza o mundo
Montaña o flor
Sincroniza el axioma de mi vida
los compases que en tu pecho
marcó mi corazón
Yo giro sobre goznes oxidados
en torno de ti
y contigo
como gira la tierra
con el sol

Por eso
porque te llevo dentro de las venas
en grata transfusión
Porque cuando canto
por mis labios se filtran
los sones de tu voz
Porque definitivamente
habitas mi interior
Porque giro contigo
Y porque tú soy yo
Si tú mueres primero
Moriremos los dos.

METAMORFOSIS

Pobre muchacha campesina
que trocaste la paz de tu heredad
por los intermitentes
avisos de neón de la metrópoli
Ingenua oruga
-trasmutada en crisálida-
que dio vida a la frágil mariposa
enamorada del prodigio de la luz
e irreflexiva
quemaste el orgullo de tus alas
en el fanal que irradia
su calor
desde una lámpara.
Pagas ahora el tributo
de tu obsesión
por develar el secreto
de la llama
Y en inútil sacrificio inmolas
-en la cegante trampa-
tu poder de alcanzar
luces más altas.

AL POETA ABEL ÁVILA

> "Todo lo que he realizado
> es simplemente un producto
> de la soledad…"
> Franz Kafka

Prisionero en las redes de su estro
el poeta se refugia en la soledad
que no el enclaustramiento
ni la insularidad
sino el espacio vital
que él mismo crea
para incubar
la dinámica elocuente
del silencio
Entonces se transforma
en antena receptora
de mensajes cifrados
que tienen como fuente
el universo
Y configura
el paisaje interior
de un mundo mágico
que gira sobre el eje
de sus propios sueños
dando origen así
al prodigio hechizante
de sus versos.

TRASTEO

Me cansé de habitar
el mismo meridiano.
Y modifiqué a voluntad
mi propio espacio
Desde luego
he salido ganando
en la mudanza
A gatas arañando los subsidios
de los tristes tugurios
A ratos
anestesiando reptiles
con el antídoto de los abonos
O estirando el elástico
de las promesas
y la ansiedad
de las expectativas
(¡Ah...! el intenso
suspenso
del anhelado
cheque posdatado!)
No obstante
me liberé del ridículo
de lucir en la solapa
de mi saco
la onerosa presea
de un sexto estrato.

IMAGINERÍA

Evito
(en lo posible)
asomarme a un espejo.
Desde cuando leí
-¡deslumbrado!-
a Jorge Luis Borges
prefiero ignorar
(en lo posible)
mi imagen
siquiera reflejada
en la otra cara
de mi propia cara!...

LOS SUPLICIOS DE LA GERIATRÍA

Nunca pensé morir siendo un anciano
Jamás imaginé siquiera
que incorporarse de una silla
constituiría toda una proeza

No obstante ahora comprendo
que sólo desplazarme hasta el baño
precisa de un esfuerzo semejante
al de escalar por fin el Aconcagua
o coronar la cima de los Alpes

Que el aroma habitual de mi pañuelo
(Agua de Colonia o de Lavanda)
sería reemplazado alguna vez
por el irrespirable hedor
del amoníaco
Ni que los masajes femeninos
se trocarían en sesiones de terapia

II
¡Grageas para comer!
¡Y para descomer
píldoras laxativas
con urgentes efectos de purgante
La balanceada dieta
Que dizque aumenta la longevidad
y que en verdad lo que genera
es el descanso eterno
en santa paz!

III

Las sillas de ruedas
las muletas
los caminadores metálicos
el bastón
los silbidos asmáticos
la persistente tos
la próstata enojada
la incontinencia de la orina
el acre olor
la artritis… el insomnio
la depresión… la gota…
¡el reumatismo… la tensión…!
¡No probar el café!
¡Ni aspirar un pitillo!
¡Mejor dicho
ni el legendario Torquemada
habría ideado jamás tanto martirio
al frente de la cruel
inquisición!

MI PADRE Y YO

Era un roble frondoso
que proyectaba
su sombra de serenidad
y comprensión
sobre mis iniciales inquietudes
que le hacían sonreír.
Para mis utopías tempranas
siempre barajaba
un maso de respuestas
pertinentes
que como
por arte de magia
encendían
las chispas de mi asombro
por la fluidez
de su accesible cátedra.
Puesta su mano en mi hombro
emprendíamos
increíbles caminatas
por campos y ciudades
-que nunca aparecieron
en los mapas-
aunque protagonizaban
sus relatos fabulosos
que mantenían en vilo
los sueños de mi infancia.
Hoy...
cuando el roble tutelar

descansa
en la sombra de paz
de ignotas coordenadas
y mi huérfana voz
a su oído no alcanza...
emprendo solo el camino
-que conduce a la nada-
cargando mi equipaje
repleto de añoranzas...

MI PRIMERA MAESTRA

Eucaris Blanco se llamaba
y era toda
una prestante dama
de recatado vestir
y soñadora mirada
con la elegancia innata
de la mujer costeña
que irradia simpatías
con desenfado y gracia.
Yo me extasiaba
oyendo de sus labios
el cuotidiano despuntar
de la mañana
prendido de su voz
a sus modulaciones conectado
bebiendo del sapiente
surtidor de sus palabras
las frases brillantes y cordiales
que aclaraban
con brochazos de luz
mi paisaje confuso
de ignorancia.
Ella me enseñó un mundo de cosas
de grande importancia
que una isla es una porción de tierra
por agua totalmente rodeada
que no debería sustraer nunca
naranjas de patatas

y que la multiplicación es una suma
sumamente abreviada
Y fue ella
con paciencia apostólica
y resignación martirizada
quien me inició en los postulados
necesarios
para salvar las trampas
que nos tiende a cada paso
la gramática
Deshilvanando el carrete del tiempo
"seño" Eucaris
reconstruyo en mi mente
la inefable secuencia
de aquella mañana
en que por vez primera le ofrecí
-temblando de vergüenza-
una manzana.

DESDE EL DIVÁN DEL PSIQUIATRA

Anochece en mis ojos
cuando cierras los tuyos
Despierta mi conciencia
de su prolongada hibernación
¡Un minuto puede durar un siglo!
El letargo profundo
que envuelve mis sentidos
con su niebla de amnesia
me lanza al precipicio
al despeñadero de la desazón
la confusión mental
y mi temor antiguo...
¡Sólo cuando mi nombre
emerge de tus labios
recobro la certeza
de estar vivo!
Como el invidente
que orienta sus pisadas
hacia inestable norte
-apenas presentido-
me aferro al asidero
de tu mano
que reordena
mis demenciales obsesiones
y desbroza de abrojos
el camino
hasta reabrir
¡por fin!

la puerta clausurada
para escapar
de mi propio laberinto...

MEDITACIONES DE MEDIA NOCHE

El reloj de la iglesia
sonoriza las doce campanadas
es la hora de cumplir la cita
con mi propio fantasma
con el invencible amigo
que demora en mí
y me asiste
con su antorcha encendida
aunque en veces desquicie
el basamento de mi testarudez
como cuando no recuerdo
lo que tenía que olvidar
y me queda
la ingrata sensación de ser
un hombre con pasado
sin futuro
Con su voz desgastada por los años
me recuerda entonces
que el futuro es un árbol
de frutos incitantes
que se nutre de la savia
del ayer
Y me asevera
que la felicidad consiste
en saber dosificar nuestra locura
en comprender
que hasta la sinrazón
tiene razón de ser

que debemos disfrutar del privilegio
de compartir con los demás
el espacio que ocupamos en la tierra
que hay mentiras piadosas
y verdaderas mentiras
soportadas por las ideologías
que esclavizan al hombre
y a la mujer
y los uncen al yugo
del servilismo y la idiotez
Sofistas que se autoerigen
en santos tutelares
delirantes jerarcas
que dialogan
con supuestas deidades
Y que no es del todo indispensable
encender una luz para pensar
porque el fanal que irradian
nuestros sueños
es la simiente que germina
aún en la oscuridad.

EL ANHELO DEL NAUTA

Al capitán
Bernardo Piedrahita Giraldo

Al mando de una barca
de blanca vela nómada
hacerme al ritmo eterno
de la canción del mar
¡ser dueño de la barca
de mi propia existencia!
¡de mi nao marinera
ser propio capitán!
Flamear izada al tope
del mayor de los mástiles
la bandera sagrada
emblema de la paz
ser un desconocido
en cada nuevo puerto
y dejar un recuerdo
en el muelle... al zarpar
Oler a redes viejas
al mar y a yodo fresco
lucir la piel bronceada
por el calor solar
Observar las variantes
de ilímite horizonte
y gustar en los labios
leve sabor a sal.

Gozar de la apacible
quietud de la bonanza
y angustiarme al peligro
de poder zozobrar
cuando mi barca ingrávida
-a merced de las olas-
sufra impacto inclemente
de cruda tempestad
Y cuando el barco triste
de la muerte pirata
a mi puerto de ensueños
se apreste a recalar
mirar las altas olas
romper sobre la playa
y llevarme la última
visión de libertad...

TU AUSENCIA

Tu ausencia es la distancia
que alarga los caminos
y silencia las palabras
La voz que se niega a expresar
el dolor de no oír
su propio eco...
Ni siquiera el rumor
de tus pisadas.
Ignorar si es de día
de noche o madrugada
Si es ayer
hoy o mañana
Si la silueta
que mira fijamente
a través de la ventana
es en verdad tu sombra
o la sombra
de un fantasma
La blancura de las sábanas
que tus manos extendieron
El temblor transparente de una lágrima
que humedece
la orfandad sin calor
de las almohadas
Las nubes y tu ausencia:
disímil panorama...
Mientras las nubes vierten
su canción de agua clara

tu ausencia agota
las reservas de aljibes
y represas
impidiendo que germine
la simiente de la esperanza
Tu ausencia
es un viento de hielo
que sacude mi soledad
con lacerantes ráfagas.
Y a cincel
configura tu perfil
-que me sé de memoria-
como si fueras
una extraña...

RELATO DE UN POETA AMIGO

I
"Llevo ya muchos años
ocupando
este sitio ajeno
este fundo de invasión
que conquisté a codazos
y sobre el cual
improvisé esta casa
millonaria de carencias
como fabrican los pájaros sus nidos
sin haberse graduado
de arquitectos."

"Un día de tantos comprendí
asombrado
que no es lo mismo vivir
que estar viviendo
y opté por regresar
a mis nativos lares
como los paquidermos
que cansados de ambular
sin rumbo fijo
retornan a morir
donde nacieron."

"Hace tiempo
mucho tiempo
que ilógicos rencores ancestrales

desahucié de mi pecho
y me aferré a las raíces de la brisa
que doblega las ramas
de los árboles viejos
los alisios
que ululan en mis oídos
desdibujan las huellas
de mis pasos inciertos
en el largo camino
zigzagueante
de los malos recuerdos."

"Es el mismo viento que transporta
los motetes inéditos
de esta ciudad arenosa
que ahora habito
En veces pianísimos o en crescendo
y a ratos con la afonía profunda
que emiten los labios clausurados
de los poetas muertos."

"Ahora soy un vagamundo
-un vagabundo-
convertido en modesto peatón
que rompió los boletos
de utópicos viajes
y olvidó los horarios
de estaciones de trenes
y aeropuertos

¡No más cabeceos
en las salas de espera
de omnibuses repletos
de angustiados pasajeros!"

"Sembrando como un árbol
-microterrateniente
de limitado feudo-
observo como oxida lentamente
sus metálicos pétalos
la Rosa de los Vientos"

II
Terminó su relato
mi bardo amigo
señaló las amarillas
luces de la ciudad
aprestándose al reposo
y con acento coloquial me dijo:
¡"Cómo es de gratificante
Juan Eugenio
escuchar el sonido asordinado
del silencio!"

MEDITACIONES

¿Al nacer los niños lloran
para oxigenar los alvéolos
de sus inéditos pulmones?
¿Lloran porque les gusta todo?
¿O porque todo les disgusta?
¿O es su llanto un anticipo
de las penas que la vida
les reserva
para el día de mañana?
¿O serán –tal vez-
las gotas de protesta
de su incipiente
fontana lacrimal?
¿O quizás la reacción al dolor
que les produce
la abusiva palmada
que el obstetra
les espeta en el trasero?
¿O será acaso que intuyen
el inhóspito mundo
que les espera
a cambio de la paz uterina
que abandonan
prácticamente "empujados"?
(Algo así
como sacar el piano
por una ventana)

¿O sabrán por ventura
la desventura
de haber perdido para siempre
el rojo torrente de ternura
que el amor maternal
les insuflaba
a través del ahora
cercenado
cordón umbilical?

DIVAGACIONES A 39 GRADOS DE FIEBRE

Sueño-cultor despierto
en la noche alargada del insomnio
a tientas
apenas reconociendo
el borroso perfil
de los recuerdos
El timbre familiar de antiguas voces
clausuradas
por el correr del tiempo
que un día ya lejano
recitaron de memoria
mis primeros versos
La gota de mercurio
que juega al sube y baja
en un columpio de cristal
y a la que debo controlar
por prescripción del médico
La blancura de la espuma
diluyendo
su sonrisa líquida
en el vaivén reiterado
de las olas
que humedecen
las arenas sedientas del estero
Nunca he podido explicarme
la extraña semejanza
que despierta en mí
el mutismo nocturno de los templos

(sin las moralizantes homilías
ni el coro de los rezos)
con la desolación
al interior de una discoteca
-a pleno sol del mediodía-
sumida en el silencio.
Como eclipse de luna que proyectara
su cono de sombras en mi cuerpo
carente del milagro de la luz
me sumerjo
en la niebla de la noche
sin poder conciliar
el sueño
La mañana despunta
de repente
con trinos y gorjeos
el prodigio luminoso
de la aurora
y disponen sus alas
como expeditos remos
para trazar en el celeste mapa
las líneas coordenadas
de su vuelo.

LOS OBVIOS CONSEJOS DEL ABUELO

El desenfreno
de las palabras amargas
ofende los oídos
y acibara
los labios de quienes las pronuncian
Lo grotesco nos atraca
nos inunda
de sus podridas aguas
y contamina
hasta el último escondrijo
de nuestra alma
La incoherencia
-que tiene su razón de ser-
se agazapa
y a la vuelta de la esquina
nos asalta
Mírate al espejo
-pequeño lago
de aguas estáticas-
que refleja
sólo el frente de tu imagen
pero oculta
la verdad verdadera
a tus espaldas
¡Lanza el desasosiego
por la borda!
¡Dobla de tu dolor
la última página!

No olvides que la aurora
diariamente rasga
los negros cortinajes
de la noche
y recrea con sus luces
el hermoso esplendor
de la mañana.

MENOS... MUCHO MENOS

¡Qué poco vale la vida del hombre!
Menos que el centigramo de pólvora fratri-
cida
oculto en el vientre metálico
de una cápsula repleta de rencor.
Menor que una agro-hectárea desposeída,
dolosamente agregada a la ambición insa-
ciable
de odioso latifundio.
Menos que el lance último de una apuesta
sentimental,
perdida al rodar los dados cargados
del desamor.
Menos que la gota de lluvia
que en vez de humedecer
a la espiga sedienta,
equivoca su rumbo
y cae sobre el piélago marino,
para trocarse en sal.
Menos que la lozanía de una rosa
masacrada por los dedos torpes de un niño
absorto en su infantil curiosidad.
Menos que el avión de planos rotos
olvidado en el rincón de un aeropuerto
que jamás alzará de nuevo el vuelo
a profanar el vaporoso mutismo de las nu-
bes.

Menos que las hojas amarillas
que el viento separa de las ramas
y en su descenso apenas alcanzan
a convertirse en un poco de basura.
Menos que la parábola
de una estrella desorbitada
que alumbra sólo un instante
nuestra cósmica ignorancia.
Menos que el largo periplo de la tierra
sobre su propio eje imaginario
que aunque añoso y oxidado
aún no ha nacido para la eternidad
Menos... mucho menos
que el perfil de una ciudad nipona
difuminado sólo en un segundo
por la fusión de los átomos
irónicamente "liberados".

ACUARELA DE UN ATARDECER
EN ACAPULCO

El viento desenreda
su lamento marinero entre las jarcias.
Los alcatraces
otean desde los mástiles
la ingenuidad de los peces distraídos
que en el breve lapso de un segundo
sus pico acerados
convierten en carnada
Tristeza de los adioses en el puerto
cuando se sueltan las amarras
y al barco que zarpa
desdibuja poco a poco
la distancia.
Decrece el batir de los pañuelos
como gaviotas que tornan a los nidos
a mimar a sus crías
y a descansar
las fatigadas alas.
Caracolas rosadas
que remedan
el ritmo cadencioso de las ondas
y amplifican al oído
el lejano rumor de voces náufragas.
¡Pena del día que resiste
a sepultar su luz en el ocaso!
Y llora su dolor
con destellantes lágrimas.

El muelle de Acapulco
se transforma
lentamente
en un abrevadero de nostalgias.
¡Y olas
cansadas
apenas si salpican
el vespertino silencio
de la playa!

LA CASA

Esta es la casa
sólo habitada
por la soledad
La persistencia del viento
durante muchos años
trizó vitrinas
y oxidó el herraje del vallado
que resguardaba
el célibe recato
de las tías ancianas.
Las paredes todavía levantan
-como trágicos trofeos-
los muñones altivos
que inéditos misterios acorazan.
El piano –hoy existente-
en un rincón del recuerdo colocado
evoca una antigua melodía
que el polvo de los años distorsiona
y torna extraña
las alcobas
depositarias
de promesas
dichas en el tono menor
de los secretos
que no acceden a la caja mayor
de las palabras
 El comedor
con su mesa de aromas y de viandas

-en el ritual del cuerpo del trigo
y la sangre de la parra-
yace en la desolación
de las luces opacas
Y el patio
que invita al reposo
con sus árboles viejos
de frutos y de trinos millonarios
impávidos testigos
de antañosas secuencias recicladas
¡Sí… Esta es la casa!
Pero no la que Porfirio dice
que fue de Ricard
¡Y está a la venta!
¡Sólo para quien pueda
con los filtros del tiempo
restaurar!

EL HOMBRE ESCLAVO DEL TIEMPO

Las horas conforman los días
los años hacen el propio con los siglos
y el hombre
-que midió el tiempo
para complicarse la existencia-
un breve lapso dura apenas
sobre la curva rugosa
de la tierra
malgasta su vida
y desgasta sus zapatos
en la búsqueda inútil
de la felicidad que sueña
escudriña teoremas
transita los vericuetos
de la experiencia
ensaya nuevas fórmulas
consulta viejos códices
desempolva leyendas
y en su afán de encontrar
de sus interrogantes
las respuestas
despilfarra los dones
de la naturaleza
especula
cierra compuertas
se aventura por las rutas osadas
de la ciencia
que lo llevan

al logro extraordinario
de la increíble
clonación genética
prueba
comprueba
depreda
desecha
obtiene pírricos triunfos
fracasos
y sorpresas
salva las barreras
que obstruyen
el camino escabroso
de la vergüenza.
Clausura ventanas
abre puertas
no acaba de alcanzar un objetivo
y de nuevo rehace las maletas
ignorando en qué momento
con certeza
se detendrá el reloj
de su existencia
para cumplir su cita con la muerte
que –paciente–
le espera!

QUE VUELVA MAÑANA

Al poeta Miguel Iriarte

Si alguien
vestido de negro
con la cara untada de blanco
como los mimos
y con dos profundas órbitas
sin ojos
toca a la puerta
y pregunta por mí
díganle que no me encuentro
que salí presuroso
a cumplir con mi deber
de contar las estrellas
para cerciorarme
de que ninguna
haya saltado el redil
y abandonado
el celestial aprisco
y así mismo
a dar de beber a las nubes
sedientas
por el largo verano
agréguenle
que no olvidé la cita
concertada
que me muero de la pena
-anticipándome al motivo

de su visita-
que por favor me excuse
y que vuelva mañana
porque hoy
tengo la obligación
insoslayable
de apacentar mis sueños.

SINFONÍA EN AZUL

Azul es el color
de la sutil materia
con que se urden los sueños
detrás de las palabras
En azul torna el río
el curso de sus aguas
cuando sobre las ondas
el cielo se retrata.
Con hilo azul bordó
mi nombre en su pañuelo
la dulce colegiala
que al decirnos adiós
enjugara una lágrima.
Azul inexistente
de los cielos de ozono
que soportan la vida
en la faz de la tierra
evitando que el hombre
se diluya en la nada
Azul desvanecido
del lago de Darío
que en un poema cantara
al último nacido
del viejo cisne y Leda
la diosa enamorada
Azul entristecido
los ojos de la abuela
que en las tardes oteaba

el azul horizonte
de su lejana España
Azul denso y profundo
del fondo de los mares
habitando por peces
de ojos sin pupilas
y de aletas sonámbulas
Azul en el submundo
de nuestras remembranzas
que transforma en azul
el paisaje borroso
de la inefable infancia
El azul se hizo *blues*
que en los negros esclavos
al plasmar en sus voces
el dolor de una raza
de sus lares nativos
con crueldad arrancada
Azules los destellos
de señales cifradas
que caen sobre la tierra
en noches estrelladas

II
¡Y la vida sonríe
y repican campanas
y eclosionan las flores
sus mejores fragancias
y las aves canoras
ensayas sus tonadas

y los hombres del campo
descuelgan sus hamacas
cuando –plena de gracia–
su traje azul celestre
estrena la mañana.

LA VENTANA INDISCRETA

Con la complicidad de mi ventana
observo a mi vecina
dialogar con una rosa
de su jardín
de extensión tan precaria
que cabe en la estrechez
de una maceta
con su jurisdicción
delimitada
Conversación extraña
de labios y corola
de pétalo y palabras
en un idioma insólito
expresada
que nace en las raíces
del silencio
y se transforma
en ascendente savia
del tronco hasta las ramas
del corazón
transido de cariño
hasta las flores
de amor ruborizadas
Y mientras mi vecina
se asoma nuevamente
a la ventana
haciéndole remilgos
a su flor encarnada

yo recuerdo
que no hay rosal alguno
que carezca de espinas
que todo placer intenso
sacrificio demanda
Y lo que ahora
semejante se muestra
a una chispeante llamarada
se extinguirá al final
inexorablemente
cuando encienda
sus luminosas rosas
la mañana.

MI ÚLTIMA VOLUNTAD

A Martha Aimeé
"Cuando ya de la vida
el alma tenga
con el cuerpo rota
y duerma en el sepulcro
esa noche más larga
que las otras..."
José Asunción Silva

¡Escucha, por favor!
¡No se te olvide!
Cuando de la luz pase a la sombra
y mis ojos
para siempre congelados
no diferencien ya
los iniciales destellos
de la aurora...

de la gris opacidad
de mi crepúsculo...
lleva mi cuerpo inerte
al horno crematorio...
Y mis cenizas
¡arrójalas al mar!
Para saciar por fin
mi antigua sed de olvido
y colmar
con sus aguas agitadas
mi cántaro vacío.

No quiero que me siembren
como a un árbol
adornado con flores de papel
ni que mi nombre
esculpan en el mármol
con la ridiculez de un epitafio
a golpes de cincel
Lapida tu corazón con mi recuerdo
y extraña de tu mente lo demás
porque al final
lo demás es siempre lo de menos
y lo de menos
tenemos que olvidar

EL FLORERO HENDIDO

Le vase brisé

Original de Armand Sully
Prudhomme 1839-1908-
versión del francés
por Juan Eugenio Cañavera

El jarro en donde muere esta azucena
de un golpe de abanico
fue quebrado...
El golpe le debió
rozar apenas
ningún sonido aún
lo ha revelado
Empero
la ligera rajadura
mordiendo en el cristal
día por día
en una marcha íntima
y segura
lentamente ha seguido
la avería
El agua se ha escapado
gota a gota
el jugo de las flores
se ha agostado
nadie todavía
su herida nota

no vayáis a tocarlo...
está quebrado.
Así también la mano
que se ama
rozando el corazón
le martiriza
luego en sus ánforas
se inflama
y la flor del amor
se pulveriza
Siempre intacto a los ojos
de este mundo
siente crecer
y llora resignado
la herida de su mal
fino y profundo
¡No vayáis a tocarlo,
está quebrado!

SEMBLANZA LÍRICA DEL POETA

A caso su madrina tuvo la fortuna de intuir al poeta y le dio un nombre que trajo remos de fábula. Y, hoy, corridos los años entre 1921 (el del nacimiento) y el de esta colección de poemas, el niño bautizado bajo el recuerdo de Juan Eugenio Harzembusch, en Barranquilla, confirma la capacidad de augurio del Hada Madrina: vive en función de poeta.

Porque Juan Eugenio Cañavera nació poeta. Disparado a la estrella, rumbo a Dio, el amor que canta el poeta le dio su piel. Camino al seno de Nuestra Señora la Poesía, los placeres como Verlanie, como a todos los "malditos", le regalaron vinos de alba, licores guardados en odres que recogieron volutas de borrachos. Rumbo a la meta donde el temblor es nacimiento de verso, de crepúsculos o de amor, "ella", la niña que va tatuando con el perfume de su aliento el cielo de la mente poética, lo sorprendió apresándolo definitivamente en jaula que desde entonces dispara música celestial y, salido con destino a todo lo que constituye la poesía, lo va encontrando la canción que todos los días brota de sus labios.
Cañavera, poeta a pesar de su corta edad... (falso: la poesía no tiene tiempo ni lugar: es

reina en todas partes, como Dios y como el
amor) está dando de sí el paisaje interior que
oleará el cuadro con que debe sellarse el
mensaje que él ha de presentar ya encon-
trado- al Hada Madrina que lo presintió como
vocero de Dios, el día del egregio bautizo.

Rafael Caneva Palomino
Extractada de la antología ECOS DE POE-
SÍA, Líricos de la Costa Atlántica. Biblioteca
ATENEA, Ciénaga, Magdalena, noviembre
11 del año 1943).

SOR MARTHA AIMEE DE LA CRUZ

A Martha Aimee

Martha Aimée de la Cruz
de Calcuta o Curramba
De los cielos Regina
del dolor consolata
Rosario de sufragios
de las monjas calladas
Candidez de novicia
libertad enclaustrada
Alegría de los tristes
con frescura de agua
Cicatrices que tocas
cicatrices que sanan
Bálsamo de ternura
de los pobres hermana
Dechado de virtudes
con sonrisa de santa
¡Marta Aimée de la Cruz
mi sobrina del alma!

CABOTAJE

No lo puedo creer
pero es cierto:
¡He perdido la gracia
del asombro!
Todo me sabe igual
todo en mí ha muerto
y las penas de ayer
son las que hoy nombro
Mi barca recaló
de puerto en puerto
descargando el amor
cargando escombros
que dejaron sin fe
al corazón desierto
y no pude llevar
sobre los hombros
Si Hernán Cortés
en decisión extrema
-para jamás zarpar
quemó sus naos
en noble gesto
que la historia enmarca-
yo sin dar solución
a mis problemas
y para sobreaguar
al propio caos
echo a pique también
mi vieja barca.

DECLARACIÓN JURAMENTADA

A la memoria del poeta
Armando Cañavera

Yo siento en los dedos
temblor de armonías
y tengo la sangre
teñida de acentos
mis labios son fuente
de las eufonías
mi voz la ululante
canción de los vientos
Descifro el secreto
de las lejanías
y sé de los sueños
de gloria sedientos
mi vida evidencia
la cosmogonía
yo soy el origen
de los pensamientos
Por mí se conocen
la forma y la idea
pues porto la llama
de olímpica tea
y soy la palabra
del Gran Universo
Encarno al profeta
de los descreídos
develo la farsa

de cielos mentidos…
Yo soy el santuario
y dios es mi verso.

VEINTIÚNICO

Entre los incunables
de mi guardarropía
yo tengo un traje viejo
-coetáneo de Aladino-
que en otros tiempos fuera
color azul marino
y que hoy es un dilema
de la cromología.

Jamás le profanaron
en la tintorería
su olor inconfundible
de arcaico pergamino
ni nunca remendaron
su forro superfino
ni el sello blasonado
de ignota sastrería.

De noche es un enfermo
neurótico incurable
la lluvia en vano moja
su dermis impermeable
el sol apenas dora
su insólito pigmento.

Y cuando me despojo
-por fuerza-
de su abrigo

siento que media vida
se me escapa consigo
como si me amputaran
de un tajo el complemento.

LETRA PARA UN TANGO DE PIAZZOLA

Albaluz...fuego...miel...nicotina
Piel de seda...perfil de carbón
Albaluz a tus labios no alcanzan
los compases de tu corazón

En tu rostro dos soles naufragan
entre ojeras tiznadas de añil
y despunta de nuevo la aurora
cuando se hace tu risa marfil

Es tu voz cada vez más ausente
cual ton-tón de lejano timbal
o cual coro de enfermos que rezan
en un blanco salón de hospital

Con qué gracia tu mano de anemia
te maquilla el comienzo del fin
y te oculta la estela de muerte
con el fino disfraz del carmín

Ya no sales las noches de fiesta
ni destejes los viejos fox.trots
y en la tos que curvó tus espaldas
te socava el bacilo de Koch

Una vez me dijiste llorando
entre copas musgosas de alcohol

que no tuvo tu infancia muñecas
ni tu claustro una brizna de sol

Se desgranan los días inclementes
y tus labios... ¡sonríen aún!
Y me duele la voz al mentirte:
¡Que ya estás mejorando... Albaluz!

EN EL UMBRAL DE LOS SUEÑOS

Qué ingrata es la experiencia
de ser incomprendido
bajo un palío de dudas
tumbarse a meditar
qué ingrata es la experiencia
de saberse perdido
vagar como inconsciente
sonámbulo dormido
y con los desengaños
ponerse a dialogar

De espaldas a la tierra
la vida es más incierta
de espaldas a los cielos
la vida es un micrón
pero entre cielo y tierra
y en la distancia muda
que admira y desconcierta
el verso es luz de un mundo
sin tiempo ni extensión

¡Oh música inaudible
de bronces empolvados!

Imágenes borrosas
que evoco con amor
los seres que en la vida
transcurren ignorados

con labios a la risa
marchitos y lacrados
son grandes en su ruina
porque aman con dolor

Prefiero lo sencillo
la gota de rocío
que irradia su pureza
desde la oscuridad
la flor despetalada
el cántaro vacío
las piedras milenarias
el caracol tardío
los líquenes dormidos
la humilde soledad

Asumo la desgracia
de mi desgracia hermana
¡La noble mansedumbre
del poeta de la cruz!
Comprendo al fruto joven
que al viento se desgrana
los huérfanos de afectos
la inmensa caravana
que arrastra su miseria
buscando siempre luz!

Ha hollado mi sandalia
la paz de los caminos
en insegura ruta

de la belleza en pos
y al fin –cansado y solo–
mis ojos peregrinos
columbran la Posada
de tonos cristalinos
-como la piel del verso.
¿Dónde me aguarda un dios?

Qué ingrata es la experiencia
de ser incomprendido
bajo un palio de dudas
tumbarse a meditar...
Qué ingrata es la experiencia
de saberse perdido...
Vagar como inconsciente
sonámbulo
dormido
y entre las mismas penas
vivir...amar...soñar.